BEI GRIN MACHT SICH IHR WISSEN BEZAHLT

- Wir veröffentlichen Ihre Hausarbeit, Bachelor- und Masterarbeit

- Ihr eigenes eBook und Buch - weltweit in allen wichtigen Shops

- Verdienen Sie an jedem Verkauf

Jetzt bei www.GRIN.com hochladen und kostenlos publizieren

Unterscheidung und Gleichklang von therapeutischer Lebensstiländerung und Veränderung durch den Heiligen Geist

Erich Böke

Bibliografische Information der Deutschen Nationalbibliothek:

Die Deutsche Nationalbibliothek verzeichnet diese Publikation in der Deutschen Nationalbibliografie; detaillierte bibliografische Daten sind im Internet über http://dnb.d-nb.de abrufbar.

ISBN: 9783346457547
Dieses Buch ist auch als E-Book erhältlich.

Unterscheidung und Gleichklang von therapeutischer Lebensstiländerung und Veränderung durch den Heiligen Geist

Schriftliche Ausarbeitung im Kurs
Persönlichkeitsentwicklung

Hausarbeit I

Erstellt von: Erich Böke

Abgabedatum: Freitag, 4. Januar 2019

Inhaltsverzeichnis

1. Der Wunsch nach Veränderung

Viele Menschen haben den Wunsch nach Veränderung, da sie erkennen, dass sie nicht den eigenen Idealvorstellungen entsprechen. An Silvester werden gute Vorsätze beschlossen. Selbsthilfebücher und Motovationscoaches sollen Anregungen geben, um das Leben, Probleme oder Persönlichkeitsdefizite zu ändern. Fitnessstudios und Diäten bieten die Möglichkeit zur Selbstoptimierung des eigenen Körpers an. Auch viele Christen wünschen sich Veränderung, wenn sie erkennen, dass vieles in der Gemeinde nicht richtig läuft oder dass man als Christ doch anders leben und schlechte, sündige Gewohnheiten ablegen müsse. Doch in der Regel bleibt es beim Wunsch, da man nie Schritte der Veränderung geht oder nach wenigen Wochen wieder in alte Gewohnheiten zurückfällt.

In Phil 2,12b schreibt Paulus „Arbeitet an euch selbst mit Furcht und Zittern, damit ihr gerettet werdet!" (Gute Nachricht Bibel). Er zeigt damit auf, dass es unsere Pflicht ist, an uns zu arbeiten. Veränderung geschieht also nie von selbst, sondern erfordert Kraft und Entschiedenheit. Zugleich geschieht jede Veränderung durch Gott und lässt sich nicht selbst erarbeiten, wie der darauffolgende Vers verdeutlicht: „Ihr könnt es, denn Gott selbst bewirkt in euch nicht nur das Wollen, sondern auch das Vollbringen, so wie es ihm gefällt." (ebd.). Dieses Veränderungs-Paradoxa zwischen eigenem Tun und göttlichem Tun soll in dieser Hausarbeit thematisiert werden.

Als erste Annäherung an dieses umfangreiche Thema werden in dieser Hausarbeit die Lebensstiländerung der individualpsychologische Therapie sowie die Veränderung durch den Heiligen Geist vorgestellt und abschließend miteinander verglichen. Das Hauptaugenmerk liegt dabei auf dem Ziel, den Merkmalen und dem Weg der Veränderung.

2. Therapeutische Lebensstiländerung

Die Individualpsychologie, welche von Alfred Adler entwickelt und von Rudolf Drei-kurs weiterentwickelt wurde, sieht den Menschen als unteilbare Einheit, vom Ge-meinschaftsgefühl bestimmt, zielgerichtet und selbstverantwortlich an.

> Adler geht davon aus, dass schon das Kind sich [...] ohnmächtig, hilflos und schwach fühlt. Gerade aus diesem Gefühl entsteht aber eine Kraft, sich zu verändern, um das Gefühl der Ohnmacht zu überwinden, um Anerkennung Geltung und Macht zu erhalten. Der Mensch [...] strebt nach Vollkommen-heit, um sich selbst und der Gemeinschaft von Nutzen zu sein. (Ondracek 2018: 7f)

Das Kind, als soziales Wesen strebt demzufolge nach sozialen Beziehungen und wird vom Gemeinschaftsgefühl bestimmt. Daher sucht das Kind „neue Möglichkei-ten der Eingliederung [...] Es handelt nach dem Prinzip von Probe und Irrtum" (Drei-kurs 2014: 49). Das Kind entwickelt „Fiktionen, wie es erfolgreich sein und seinen Platz in der Gemeinschaft finden kann" (:56). Unter Fiktion versteht man „eine An-nahme, die den Tatsachen des Lebens nicht entspricht" (:130). Die in diesem Pro-zess gemachten Erfahrungen und deren subjektive Deutung bestimmen das Selbst-bild, Fremdbild, Weltbild, die Mittel und Ziele des Menschen. Bis zum 4.-6. Lebens-jahr „schafft sich das Kind irrend und unverständig seine Schablone, sein Ziel und Vorbild und den Lebensplan, dem es wissend-unwissend folgt" (zit. in Acker 2018:164). Bei dem so entstehenden Lebensplan bzw. Lebensstil handelt es sich um eine Art Leitbild bzw. um automatisiertes Verhalten. Dieses automatisierte Verhalten ist von Kindheit an emotional verankert, umfasst alle Lebensbereiche, kann nicht in Worte gefasst werden, besitzt eine starke Steuerungskraft und beeinflusst auch noch im Erwachsenenalter Selbstbild, Fremdbild, Gottesbild, Wahrnehmung, Emp-findung, Denken und Tun (vgl. Ondracek 2018: 10ff). Der Lebensstil beschreibt die Zielperspektive eines Menschen (Wozu handle ich?) und der daraus anstehenden Motivation (Wie handle ich?).

Nun kann es im Leben eines Individuums passieren, dass ein bisher erfolgsver-sprechender Lebensstil nicht mehr sinnvoll ist und die gewünschten Ergebnisse nicht mehr liefert. Adler empfiehlt, nicht die Ursachen zu beseitigen, sondern den Umgang mit herausfordernden Situationen zu verändern. Dabei soll störendes und belastendes Verhalten durch neue, positiv wirkende Automatismen ersetzt werden. Dies nennt man Lebensstiländerung.

2.1. Ziel

Adlers Erkenntnis war, dass das Gemeinschaftsgefühl entscheidend für den Charakter, Handlungen und Gefühlsregungen eines Menschen ist (vgl. Dreikurs 2014: 16). Trotz des Strebens nach Gemeinschaft verhindern Zweifel am eigenen Wert und den eigenen Fähigkeiten ein Gefühl der Zusammengehörigkeit. Daraus entsteht eine Spannung zwischen Minderwert und Überkompensation, bei welchem das Streben darauf ausgerichtet ist, Geltung zu erhalten und die subjektiv empfundene Überlegenheit der anderen zu überwinden. Dreikurs folgert daraus:

> Jeder, der seinen Platz im Leben finden will, wird notwendigerweise erfolglos sein. Gleichgültig, was er erringt, Macht, Bildung, Schönheit, Liebe, Anerkennung, was immer es sein mag, er wir niemals genug davon haben und unter ständiger Angst leben, das zu verlieren, was er sich erobern konnte. Niemand kann seinen Platz »finden«, da er nicht weiß, daß er durch seine bloße Existenz seines Platzes im Leben sicher ist. (:31f)

Sowohl Minderwert als auch Überkompensation zeigen demnach eine falsche Einstellung über sich selbst und auch das empfundene Gemeinschaftsgefühl auf. Zugleich ist bei diesem Verhalten das eigentliche Ziel, das Gemeinschaftsgefühl herzustellen. Doch weder Minderwert noch Überkompensation sorgen dafür, dass dieses Ziel erreicht wird. Adler betrachtet daher als wichtigstes Ziel der Lebensstilländerung „die Selbsterkenntnis der mit dem Minderwertigkeitsgefühl zusammenhängenden Mechanismen" (Acker 2014:167) sowie die „Wiederherstellung des Gemeinschaftsgefühls" (ebd.).

2.2. Merkmale

Wie bereits erwähnt, entwickelt jeder Mensch einen eigenen Lebensstil. Daher ist es sinnvoll den eigenen Lebensstil zu entdecken, da man dadurch sich und die eigenen Beweggründe des Handelns besser verstehen und deuten kann. Zugleich können auch andere Menschen besser verstanden werden, wenn man deren Lebensstil kennt. Adler schreibt dazu:

> Das Wissen der Menschen um die Beweggründe ihrer Handlungen, das allgemeine Verständnis von den seelischen Erscheinungen bei Gesunden und Nervösen, die immer anderes bedeuten können, als sie oberflächlich zum Ausdruck bringen, ist unzulänglich, solange die formale Gestaltung und die Dynamik ihrer Leitlinie verborgen bleibt. (zit. in:165)

Jeder Lebensstil ist zunächst weder positiv noch negativ, sondern zeigt lediglich auf, wie ein Mensch seinen Platz in der Gemeinschaft gefunden hat und nun sicherstellt. Doch jeder Lebensstil beruht auf Fiktion und kann daher auch zu Schwierigkeiten im Leben führen oder trotz sozialannehmbarer Erscheinung ein Irrtum und dadurch falsch und gefährlich sein. Demzufolge ist es notwendig „jeden Lebensstil so zu formulieren, daß man auf der einen Seite feststellt, was der Mensch im Leben anstrebt, und auf der anderen, wo seine grundsätzliche Fehlannahme liegt" (Dreikurs 2014: 130). Dabei ist zu beachten, dass ein Mensch ohne die Hilfe eines Ratgebers keine Möglichkeit hat, seinen Lebensstil zu erkennen und damit auch Veränderungen anzugehen.

2.3. Weg

Dreikurs erkennt vier Phasen der Lebensstiländerung in der Psychotherapie (:124ff).

I. Herstellung der Beziehung: Da es sich bei der Lebensstiländerung um eine intime Aufgabe handelt, bedarf es gegenseitigen Vertrauens, Respekts, Achtung voreinander und Verständnisses. Keinesfalls darf der Berater versuchen, seine eigenen Ziele zu realisieren. Da alles, was „in der Behandlung geschieht [...] im gemeinsamen Einvernehmen geschehen" muss, ist die Auftragsklärung bei der Beratung sehr wichtig.

II. Analyse der gegenwärtigen Situation: Zunächst geht es darum, den Patienten über seine Probleme, Schwierigkeiten und Beweggründe für die Hilfesuche erzählen zu lassen. Dabei muss der Berater aktiv zuhören, d.h. jede Information daraufhin untersuchen, inwiefern sich ein Muster erkennen lässt. Durch zielgerichtete Fragen kann die subjektive Lage verstanden werden. Anschließend wird untersucht, wie der Patient sich tatsächlich in den Aufgaben seines Lebens verhält. Nun kann der Lebensstil erkannt werden. Dabei ist die Familienkonstellation hilfreich, da man dadurch die für den Lebensstil prägendsten ersten Lebensjahre rekonstruieren kann (vgl.:127). Außerdem sind die ersten Kindheitserinnerungen von großer Bedeutung, da man sich nur an diejenigen Erlebnisse der Kindheit erinnert, welche „einem in die Einstellung des Lebens hineinpassen. Wenn man weiß, an was sich jemand erinnert, dann weiß man, wie er das Leben ansieht" (:129).

III. Enthüllung der Ziele als stärkstes Mittel der Veränderung: Keinesfalls darf dem Patienten gezeigt werden „was er ist oder was er hat, Fähigkeiten oder Schwächen, Eigenschaften oder Komplexe" (:131). Es geht darum, die Ziele und den Zweck des Verhaltens zu erklären und dem Individuum dadurch die Möglichkeit zu geben, Handlungsalternativen zu erkennen. Besonders wichtig ist dabei, dass es sich um eine mögliche Erklärung oder Arbeitshypothese des Ratgebers handelt, welche der Ratsuchende nicht annehmen, sondern prüfen müsse. „Unter diesen Vorsichtsmaßnahmen sind die meisten Menschen nicht nur bereit, sondern sogar interessiert und befreit, weil sie plötzlich zu verstehen beginnen, was sie tun und lassen" (:132).

IV. Umstellung: „Im Vordergrund steht immer das Bemühen [...] zu zeigen, daß seine Fehlerhaftigkeit eine Absicht hat" (:133). Jeder Mensch ist selbstbestimmt und selbstverantwortlich für sein Leben. Dies muss man dem Ratsuchenden immer wieder neu bewusst machen, da dies die Basis für jede Umstellung ist. Die zentrale Frage lautet somit: „Und was wirst du damit anfangen, damit tun?"(:133). Als Hilfsmittel empfiehlt Dreikurs die Ermutigung. „Falsche Vorstellungen und falsche Methoden stammen von der Angst vor dem Versagen" (:134) und zeigen sich in Minderwert und Überkompensation. Hilft man dem Ratsuchenden sich von diesen Gefühlen zu befreien, so wird das Gemeinschaftsgefühl verstärkt und Wertemaß-stäbe werden verändert, welche den Ratsuchenden zuvor fehlgeleitet haben (vgl. ebd.). Somit ermöglicht erst der Ratgebende Veränderung bei zeitgleicher Eigen-verantwortung des Ratsuchenden.

3. Veränderung durch den Heiligen Geist

Entsprechend des apostolischen Glaubensbekenntnisses glauben Christen an den Heiligen Geist. Dieser Heilige Geist ist der Geist Gottes, welcher Teil der göttlichen Trinität ist. Dieser hat nach Joh. 16,13 das Ziel, Jesus zu verherrlichen. Der Heilige Geist wirkt dabei soteriologisch (d.h. rettend und erneuernd), transformativ (d.h. verändernd), charismatisch (d.h. befähigend und Gabenspenden) und pädagogisch (d.h. leitend) an Menschen (vgl. Afflerbach 2016: 2). Diese vier Wirkungsbereiche werden nie explizit benannt und lassen sich nicht klar voneinander abgrenzen. Dennoch helfen sie dabei, das Wirken des Heiligen Geistes in Worten darzulegen.

Im Neuen Testament (zukünftig mit NT abgekürzt) meint Veränderung eine vom Heiligen Geist „initiierte Wirksamkeit zur Umgestaltung der Person in das Bild von Christi hinein" (:51). In der Einteilung von Horst Afflerbach ist Veränderung primär in den Bereichen soteriologisches und transformatives Wirken einzuordnen.

3.1. Ziel

Die Schöpfungsberichte zeigen, dass der Mensch als Gottes Ebenbild und zur Beziehung zu Gott sowie zur Beziehung zu seiner Umwelt geschaffen wurde. Doch der Sündenfall verdeutlicht, dass der Mensch ein gefallenes Geschöpf ist und daher verändert werden muss.

Veränderung durch Gottes Geist hat entsprechend Röm 8,29 zum Ziel, dass Menschen Jesus ähnlich werden und „in denselben Kraftbereich wie er" (Baumann 1979: 541) kommen, sodass man „entsprechend den hell. Mysterienreligionen, von einer »Vergottung« bzw. einer »Verchristung« sprechen" (ebd.) kann. Inwiefern diese Veränderung/Vergottung in das Bild Christi schon hier auf der Erde geschieht, ist umstritten. So zeigt Pöhlmann auf, dass der Kontext von Röm 8 darauf deutet, dass Paulus hier von der künftigen Herrlichkeit spricht, weshalb manche Theologen diese Aussagen rein zukünftig deuten (vgl. Pöhlmann 1992: 689). Auch wird nicht deutlich, „ob das hier als »Gleichgestaltung« mit Christus beschriebene Gesehenen als Seins- oder Wesensverwandlung oder als Wechsel der Identität" (ebd.) verstanden wird.

Die Bibel (vgl. Phil 2,12f; Gal 5,22f) verdeutlicht jedoch, dass es bei Veränderung durch den Heiligen Geist nicht nur um einen abstrakten Wechsel der Identität oder um ein zukünftiges Hineinnehmen in die Herrlichkeit Gottes, sondern auch um die gegenwärtige Umgestaltung des Menschen geht. Ziel ist die vollständige Verände-

rung der Identität, bestehender Beziehungen, der positiven und negativen Wesens-
merkmale sowie die Wandlung/Veränderung von Stärken und Schwächen des Menschen (vgl 1Thes 5,23) zum Bilde Christi. Das bedeutet jedoch nicht, dass alle Christen durch den Geist Gottes gleichgemacht werden. Vielfalt ist seit der Schöpfung
von Gott gewollt, denn er schuf „[j]edes nach seiner Art" und somit bleibt Vielfalt
auch weiterhin im Reich Gottes bestehen (vgl. 1Kor 12).

3.2. Merkmale

Zu den Merkmalen der Veränderung durch den Heiligen Geist gehört, dass Gott die
Veränderung bewirkt, ob durch das soteriologische oder transformative Wirken seines Geistes. Gott ist der, welcher jeden Menschen am besten kennt, und der auch
dabei hilft, eine andere Richtung einzuschlagen (vgl. Ps 139,23f, Jer 17,9f).

Darüber hinaus besteht eine Notwendigkeit für eigenes Handeln. So bittet David
bspw. in Ps 139 um Veränderung. Die ganze Geschichte Israels zeigt deren Wahlfreiheit bei damit verbundenen Konsequenzen für ihr Handeln auf. In den Evangelien
wird mehrmals dazu aufgerufen, sein Leben zu verändern und Jesus nachzufolgen
(vgl. Mat 4,17; Luk 5,32 u.a.). Zwang herrscht nie vor, Wahlfreiheit mit Verantwortung
für entsprechende Konsequenzen dafür umso mehr. Die Bibel verdeutlicht, dass der
Mensch für sein Leben und seine Entscheidungen verantwortlich ist und mit den
Konsequenzen leben muss. Zugleich verdeutlicht der Schöpfungsbericht das von
Beginn der Menschheit an bestehende „Phänomen der abgeschobenen Verantwortung" (Härry 2007:60). Menschen haben zwar Verantwortung für ihr Leben und müs-
sen mit den Konsequenzen rechnen, doch viel zu oft wollen sie nicht für die Konsequenzen verantwortlich sein und verschieben die Verantwortung auf andere.

Doch zur Veränderung durch den Heiligen Geist gehört sowohl das Wirken Gottes
als auch die Notwendigkeit selbst Verantwortung dafür zu übernehmen. Besonders
gut wird das Wirken Gottes bei zeitgleichem eigenen Handeln in Phil 2,12f deutlich.
Das Ziel ist es, dass der Mensch Jesus ähnlicher wird (Phil 2,5), d.h. der Geist Gottes hat bereits soteriologisch gewirkt. Das Heil muss nicht erarbeitet werden, sondern jetzt geht es um eine Ausarbeitung der Heiligung. Dieses transformative Wirken
des Geistes Gottes geschieht sowohl durch das Zusammenspiel von Gottes Wirken
(„Gott ist es, der in euch wirkt sowohl das Wollen als auch das Wirken" (Phil 2,13))

als auch durch die Verantwortungsübernahme durch eigenes Handeln („bewirkt euer Heil mit Furcht und Zittern" (Phil 2,12)).

Diese Spannung zwischen Gottes Wirken und der Notwendigkeit selbst Verantwortung zu übernehmen, verdeutlicht das Wort μεταμορφοῦσθε in Röm 12,2 besonders gut. Es bedeutet verwandeln oder umgestalten. Da es sich dabei um den Imperativ passiv handelt, erklärt J.M. Nützel:

> Das Pass. zeigt, daß Pls nicht an eine von Menschen ausgehende Leistung denkt, sondern an die Überzeugungskraft Gottes, die menschliches Sinnen verwandelt. Der Imp. μεταμορφοῦσθε fordert allerdings menschliche Bereitschaft und Mitwirkung. Da Pls seine Forderung an Christen richtet, kann er nicht eine einmalige Neuausrichtung (etwa bei der Annahme des Glaubens und ihrer Besiegelung in der Taufe) im Auge haben; er denkt offenbar an eine andauernde, fortschreitende Veränderung des inneren Wesens. (Nützel 1992: 1021f)

Das transformative Wirken an uns Menschen durch den Heiligen Geist geschieht also passiv durch Gott selber, wie auch eigenverantwortlich. Zugleich wird deutlich, dass es sich bei der transformativen Veränderung um einen Prozess handelt (vgl. Eph 4,15, Gal 5,22 u.a.). Daher gehören Rückschritte, Probleme, Irrwege oder Anfechtung, aber auch Erfolge, Siege usw. zu dem Veränderungsprozess dazu.

3.3. Weg

Zunächst wirkt der Geist soteriologisch d.h. rettend und erneuernd und damit auch verändernd. Das bedeutet, dass an jedem Christen der Heilige Geist bereits gewirkt hat und der Christ heilig gesprochen wurde. Das soteriologische Wirken des Geistes zeigt sich insbesondere an der Umkehr des Menschen hin zu Gott. Bereits Johannes der Täufer hat zur Umkehr (μετάνοια) aufgerufen. Umkehr bedeutet eine Sinnesänderung und die damit verbundene Abkehr von Sünden und Hinkehr zu Gott. Die lukanischen Schriften bezeugen zudem die damit verbundene Sündenvergebung (vgl. Merklein 1992: 1024ff). Christen sind durch das stellvertretende Erlösungswerk Christi erneuert, gerechtfertigt und gehören zu Gott (vgl. 1Kor 6,11; 2Kor 5,17 u.a.). Durch Jesus sind Christen eine neue Schöpfung. Die Wiedergeburt ist eine Neugeburt, weshalb in dieser Wiedergeburt Veränderung durch den Heiligen Geist geschieht. Die Identität hat sich gewandelt, sodass Christen durch Christus und das soteriologische Wirken des Geistes schon heilig sind und damit die Gemeinschaft mit Gott wieder möglich ist. Doch nicht nur Beziehung zu Gott wird wiederhergestellt, sondern der Christ wird in eine Beziehung zu andere Christen gestellt (vgl. 1Kor 12, Apg 2,42f, Eph 4,16 u.a.).

Zugleich wirkt der Geist auch transformativ und damit verändernd.

„In der ersten, der abgeschlossenen Heiligung wird jeder Christ mit Sünden- vergebung und mit einer Beziehung zu Gott beschenkt. In der zweiten, der noch andauernden Heiligung geht es darum, dass diese Beziehung zu Gott mein Verhalten, mein Reden und Leben in dieser Welt verändert" (zit in Acker 2018: 170).

Heiligung, also Veränderung durch den Geist Gottes, hat Folgen und ist bemerk- bar. So verdeutlicht Gal 5,22, dass durch den Geist ein Same aufgeht, welcher Frucht bringt. D.h. der Geist entfaltet sich im Leben eines Christen und hat konkrete Auswirkungen in dessen Leben. Die Schäden, Verletzungen, falschen Einstellungen, sündigenden Verhaltensweisen und Wunden eines Menschen werden verändert. Doch die Basis für diese Veränderung des Lebenswandels ist, dass wir bereits hei- liggesprochen wurden und damit ehrlich und ungeniert in Beziehung zu Gott treten können „und mit ihm den Weg der persönlichen Veränderung zu gehen – auch wenn es auf diesem Weg Rückschläge gibt" (ebd.). Den Weg der Veränderung können Christen jedoch mutig gehen, „weil wir wissen, dass Gott uns für diesen Weg auf der Erde Mittel und Hilfe gegeben hat und ihn mit uns geht" (Acker 2018: 174).

Das soteriologische und transformative Wirken des Geistes – also Heiligspre- chung und Heiligung – gehören untrennbar zusammen. Bleibt man bei der Heilig- sprechung stehen, so wird Veränderung nicht erfahrbar. Vergisst man jedoch die Heiligsprechung, so fehlt die Basis für Veränderung durch den Heiligen Geist.

Acker erkennt, dass Veränderung von innen nach außen geschieht (vgl. Acker 2018: 172f). Das Herz hat dabei eine zentrale Bedeutung, denn in ihm „kommen Ge- danken, Gefühle und Wille zusammen und hier fallen die Entscheidungen über unser Handeln (vgl. ebd.). Aus dem Herzen kommen Gutes und Böses und hier sollte nach Mk 7,21 die Veränderung beginnen. „es gibt keine persönliche Veränderung, wenn wir nur an den Früchten (Symptomen) herumpolieren und an den Wurzeln unserer Persönlichkeit alles beim Alten bleibt" (zit. in ebd.). Erst nachdem das Herz verändert wurde, kommt nach Acker die grundlegende Sinnesänderung für welche es seiner Meinung nach der „kontinuierliche[n] Beschäftigung mit dem Wort Gottes" (ebd.:173) bedarf, da hier ersichtlich wird, wie sich Gott das Leben der Menschen wünscht (vgl. Kol 3,16;). Er begründet das damit, dass unser Denken maßgeblich unser Handeln bestimmt und falsche Grundannahmen und Gedanken uns immer wieder begegnen. Die gottlosen Denkmuster haben sich über einen langen Zeitraum entwickelt, und wir sind sie gewohnt. Doch ein Umdenken und eine Erneuerung des Sinnes ist möglich; wir haben die Freiheit, zu entscheiden, womit sich unser Denken beschäftigt bzw. worauf es ausgerichtet ist. (Acker 2018: 173)

Das von Rienecker und Maier herausgegeben Lexikon zur Bibel gibt den Weg der transformativen Veränderung, d.h. Heiligung, differenzierter an (vgl. Lexikon zur Bibel 2013: 505):

A. Im Geist leben: Da es sich bei Veränderung um das Wirken Gottes durch seinen Heiligen Geist handelt, ist es notwendig, ein Leben im Geist zu führen.

B. Abwendung: Die Folge vom Leben im Geist ist eine entschlossene Abkehr von allem, was Gott nicht gefallen kann.

C. Wort Gottes: Gott heiligt durch die Wahrheit und damit durch sein geschriebenes Wort und Jesus. Daher ist es notwendig, sich damit zu beschäftigen

D. Gemeinschaft: In der Bibel wird sowohl das Individuum als auch die christliche Gemeinschaft als der Tempel Gottes beschrieben. Daher ist es notwendig, sich auch der Gemeinschaft auszusetzen.

Wie dieser Veränderungsprozess jedoch praktisch abläuft, wird nicht erläutert, sondern auf Bibelstellen verwiesen, welche die eigenen Aussagen bestätigen. Insgesamt lässt sich erkennen, dass es sich bei diesem Entwurf lediglich um eine Annäherung handelt.

Wie der Weg der Veränderung durch den Heiligen Geist konkret aussieht oder ob es Faktoren gibt, die Veränderung (soteriologisch und transformativ) durch den Heiligen Geist begünstigen, ist, wie die beiden vorgestellten Versuche zeigen, sehr schwer zu skizzieren. Dies liegt daran, das bei Veränderung sowohl Gott wirkt, als auch das Individuum persönlich daran beteiligt ist. Der Weg der Veränderung durch den Heiligen Geist erscheint mir daher nicht in eine Schablone zu passen, sondern von Gott ganz individuell und je nach Person unterschiedlich zu erfolgen.

4. Therapeutischer Lebensstiländerung und Veränderung durch den Heiligen Geist – Unterschiede und Gemeinsamkeiten

4.1. Ziel

Sowohl die Therapeutische Lebensstiländerung als auch Veränderung durch den Heiligen Geist haben beide das Ziel, das Gemeinschaftsgefühl wiederherzustellen. Beim Heiligen Geist liegt der Fokus primär bei der Mensch-Gott-Beziehung und der Veränderung des Menschen zum Bilde Christi, woraus dann auch eine veränderte Beziehung zwischen Menschen erfolgt. Es geht also um Wiederherstellung dessen, was von Gott ursprünglich bei der Schöpfung für den Menschen und sein Leben erdacht war. Acker fasst dies gut zusammen, indem er aufzeigt, dass geistliche Veränderung einen Mehrwert bedeutet:

> Es geht um Heil - nicht nur um Heilung. Es geht nicht allein um die Rückkehr in die menschliche Gemeinschaft, sondern um die Rückkehr in die Gemeinschaft mit Gott (Acker 2018: 177).

Die Individualpsychologie hingegen fokussiert die Überwindung eines in der Kindheit entstanden Minderwertigkeitsgefühls.

4.2. Merkmale

Beide Veränderungsansätze haben eine ganzheitliche Sicht auf den Menschen, wie die Aspekte der Einbindung in eine Gemeinschaft als auch der Eigenverantwortlichkeit aufzeigen. Damit einher geht die Wahlfreiheit und Zielgerichtetheit des Menschen (vgl. Acker 2018:174).

Darüber hinaus eint beides die Tatsache, dass der Mensch Hilfe benötigt und er in der Pflicht steht, selbst Verantwortung zu übernehmen, sowie, dass es sich bei Veränderung um einen lebenslangen Prozess handelt, welcher mit Fortschritt, wie auch Rückschlägen verbunden ist.

Bei der Therapeutischen Lebensstiländerung ist der Ratsuchende auf einen Experten angewiesen, der ihn professionell durch den Prozess der Lebensstillerkennung und Lebensstiländerung begleitet. Veränderung durch den Heiligen Geist geschieht hingegen durch Gott selber und, wie das Bild der Früchte aus Gal 5 andeutet, teilweise unbemerkt, bis dann irgendwann die Frucht deutlich sichtbar wird und weiter wächst. Jedoch schließen sich Veränderung durch den Heiligen Geist und Therapeutische Lebensstiländerung nicht aus. Wie Ps 139 verdeutlicht, ist es Gott, der den Menschen kennt, ihm aber auch hilft, Ziele und Wege zu prüfen und ihm evtl. neue Wege aufzeigt. Eine Beratung durch einen Individualpsychologen schließt nicht aus, dass Gott diesen Ratgeber nutzt, um Veränderung in einer Person zu bewirken.

4.3. Weg

Beide Ansätze eint, dass es einen Weg der Veränderung gibt. Die Individualpsychologie hat jedoch eine detaillierte Vorgehensweise entwickelt. Dieses „Schema F" liegt bei der Veränderung durch den Heiligen Geist nicht vor. Jedoch wird als Initiator für Veränderung jeweils ein besonderer Moment benötigt. Die Bibel bezeichnet einen solchen Schlüsselmoment als Umkehr. In der Individualpsychologie spricht man vielmehr von einem Leidensdruck, welcher aus Schwierigkeiten und Irrtümern resultiert und die Notwendigkeit von Veränderung deutlich, sogar unumgänglich macht.

Eine weitere Gemeinsamkeit ist, dass Veränderung von innen nach außen geschieht. Der Heilige Geist verändert zunächst das Herz, während die Individualpsychologie dabei hilft, Grundannahmen sowie unbewusste und automatische Ziele zu ändern.

Gemeinsam ist auch, dass der Mensch nicht alleine gelassen und nur auf sich alleine gestellt ist. So ist Gott bzw. der Heilige Geist der beste Ratgeber. Zugleich ist der Rat des Therapeuten oftmals konkreter greifbar als Veränderung durch den heiligen Geist. Der Mensch setzt sich mithilfe der Therapeuten gezielt und konkret mit sich auseinander, wird sprachfähig über seine Erlebnisse und Gefühle. Dies kann ihm möglicherweise in der persönlichen Auseinandersetzung mit Gottes Wort und seinem eigenen Leben durch den Heiligen Geist geschenkt werden. Ein Gesprächspartner „von Angesicht zu Angesicht", der ausgebildet ist, Lebens- und Verarbeitungsprozesse zu kennen, zu erkennen und zu benennen kann bei diesem Prozess helfen. Der Fokus der Individualpsycholhie liegt somit auf der Selbsthilfe, während es bei Veränderung durch den Heiligen Geist „um Veränderung mit Gottes Hilfe und nicht nur um Selbsthilfe" (Acker 2018: 177) geht. Der größte Unterschied liegt demnach darin, dass Veränderung durch den Heiligen Geist von Gott selbst durchgeführt wird.

5. Konsequenzen für die Gemeindepraxis

Beide Wege schließen sich gegenseitig nicht aus, sondern lassen sich miteinander verbinden, da beide Aspekte wie Eigenverantwortlichkeit, Zielgerichtetheit der Veränderung und Gemeinschaft betonen. Als Christen ist es aber selbstverständlich, dass Veränderung, die durch Gott geschieht, einen ganz anderen Stellenwert hat, als menschliches Heilen. Dennoch kann Seelsorge, wie die therapeutische Lebensstilländerung, ein gutes Instrument sein, um den Heiligen Geist an sich wirken zu lassen. Immerhin ist es, insofern es sich um einen christlichen Seelsorger handelt, auch christliche Gemeinschaft, welche beim Weg der Veränderung durch den Heiligen Geist von Gott genutzt wird. Dann wird nicht nur der nach Veränderung suchende Mensch, sondern auch der Therapeut von Gottes Geist geleitet.

Insbesondere soll abschließend nochmals auf das soteriologische und transformative Wirken durch den Geist Gottes verwiesen werden. Das soteriologische Wirken zeigt auf, dass Christen von Gott trotz der Sünden geliebt und vollständig angenommen sind. Sie sind errettet und schon heilig gesprochen. Hier bedarf es keiner weiteren Veränderung, da das Heil sicher ist. Zugleich wirkt der Geist aber auch transformativ und verändert den Menschen. Dabei geht es jedoch nicht um Optimierung des Menschen durch Gott oder um Selbstoptimierung des Menschen, sodass dieser für Gott brauchbar und akzeptabel ist, sondern um Heilwerdung der Beziehungen, sowie Veränderung der positiven wie auch negativen Zügen eines Menschen hin zum Bilde Christi. Veränderung durch den Heiligen Geist überträgt uns somit die Verantwortung, die Nähe zu Gott zu suchen und uns von ihm prägen zu lassen (vgl. Röm 12,2; Jak 4,10 u.a.), aber Gott selbst bleibt in der Verantwortung und kümmert sich um die von ihm gewünschte Veränderung hin zum Bilde Christi (Phil 2,13).

Literaturverzeichnis

Acker, T. *Individualpsychologische Lebensstiländerung und Veränderung durch den Heiligen Geist*, in Kessler; Schäfer & Utsch (Hg.) 2018. 163-178

Afflerbach, H. 2016. *Der Heilige Geist - Gottes Gegenwart in Jesus Christus*. Unveröffentlichtes Unterrichtsskript Pneumatologie. Wiedenest: Biblisch-Theologische Akademie Wiedenest

Balz, H. & Schneider, G. (Hg.) 1992. *Exegetisches Wörterbuch zum Neuen Testament*. 2. Auflage. Stuttgart: Kohlhammer.

Braumann, G. 1979. μορφή. *Theologisches Begriffslexikon zum Neuen Testament*. Band 1. Wuppertal: Brockhaus. 540-542

Dreikurs, R. 2014. *Grundbegriffe der Individualpsychologie*. 14. Aufl. Stuttgart: Klett-Cotta

Härry, T. 2007. *Echt und stark. Kraftvoll glauben, Tiefgang finden*. Witten: Brockhaus

Kessler, M.; Schäfer, W. & Utsch, T. (Hg.) 2018. *Menschen begleiten: individuell - ganzheitlich - geistlich*. Münster: LIT

Lexikon zur Bibel. 2013. Heiligung. in Rienecker, F. & Maier, G. u.a. (Hg.) *Lexikon zur Bibel*. Witten: SCM Brockhaus. 504f

Merklein, H. 1992. μετάνοια, in Balz & Schneider (Hg.) 1992. Band 2. 1021f

Nützel, J.M. 1992. μεταμορφόω, in Balz & Schneider (Hg.) 1992. Band 2. 1022-1031

Pöhlmann, W. 1992. σύμμορφος, in Balz & Schneider (Hg.) 1992. Band 3. 688f

Ondracek, P. *Individualpsychologie im Überblick*, in Kessler; Schäfer & Utsch (Hg.) 2018. 7-22